JN408659

잡초

weeds

단운 김한옥(Hanok Kim) 제2한영시집

김한옥 제2한영시집

잡초 weeds

초판발행일 2022년 9월 9일

지은이 : 김한옥(Hanok Kim)
발행인 : 김순진
편집장 : 전하라
디자인 : 김초롱
펴낸곳 : 도서출판 문학공원
등 록 : 2004년 3월 9일 제6-706호
주 소 : 우편번호 03382 서울 은평구 통일로 633
녹번오피스텔 501호 스토리문학사
전 화 : 02-2234-1666
팩 스 : 02-2236-1666
홈페이지 : http://cafe.daum.net/yob51
이메일 : 4615562@hanmail.net

※ 책값은 뒤표지에 있습니다.

The Book of Poetry by Hanok Kim Volume 2

문학공원 시선 209

잡초

weeds

단운 김한옥(Hanok Kim) 제2한영시집

시와 만화를 같이 볼 수 있는 책
A book for both poetry and cartoons
만화는 사회의 병리 현상을 지적하였다
Cartoons pointed out the pathology of society

문학공원

글쓴이의 말

글이란 독자에 따라서 어떤 내용은 공감이 가기도 하고 어떤 내용은 공감이 안 가기도 할 것이다. 슬프기도 하고 웃기기도 할 것이다. 다양한 독자들이 읽어보고 느낀 대로 보면서 마음에 보탬이 되기를 바란다. 마음이 황폐되어 어쩔 줄 모르는 독자가 한 구절의 글을 읽고 위안을 찾을 수도 있을 것이다.

어느 독자는 그림으로 치면 사실같이 그린 실경화實景畵)을 좋아하는 분도 있고, 어느 분은 그림을 보고도 무슨 뜻이 있는지 알기 어려운 추상화抽象畫) 같은 글를 좋아하는 분도 있을 것이다. 추상화 같은 글는 읽어서 뜻을 모르니, 평론가의 평을 받아야 되고 다시 해석을 해야 되니 번거롭다. 바로 보고 뜻을 이해하는 것이 좋을 것 같았다. 독자들이 좋아하면 어려울 이유가 없을 것이다.

군주주의 일제강점기 독재정권 등 언론탄압 활동 시대가 지나 자유민주주의시대에 은어(隱語)가 필요할까?

해설 없이 귀에 속속 들어가는 글이 어떨까? 어떤 글이 더 감동을 주는지는 독자들 생각이 다양하여 하나로 통일된 생각하기란 불가하다고 생각된다. 누구나 글을 읽고 바로 이해하면 좋을 것 같아 쉽게 쓰려고 노력하였다. 주위에서 시를 읽고 무슨 말인지 몰라 재미가 없다는 분들을 많이 보았다. 너무 어려우면 글를 사랑하는 분들이 외면하기 쉬워서 흥미 없는 작품으로 전락할 것이다. 스승은 시조시를 쓰기 원하였으나, 격식의 한계 때문에 자유글을 쓰기도 하였다. 글도 읽고 만화도 보라고 만화 2편을 그려보았다. 처음 시도하는 것으로 독자들의 요구가 많아지고, 다음 기회가 되면 다시 도전하고 싶다. 글도 보는 분들의 흥미가 있어야 할 것이다. 시대가 바뀌어도 옛것만 주장하면 문화의 발달도 머물 것이다.

Poet's Note

Depending on the reader, some poetry may resonate with the reader and some may not. Some might feel sad, and some might laugh. I hope that it will be encouraging to the hearts of various readers as they read and feel this poetry. A desolate and helpless reader may find solace in the verse of a poem. In terms of drawings, there are some people who like paintings that look realistic, while others like abstract paintings where it is difficult to understand the meaning of a painting even when looking at it just like an abstract poem. Poetry, like abstract painting, is cumbersome because it is difficult to understand its meaning when you read it, so it must be evaluated by critics and reinterpreted. I thought it would be better for the readers to read the poem and understand it right away. If a reader likes such poetry, this book will not be difficult to read.

Is the slang language necessary in the era of liberal democracy after the era of media oppression activities such as the monarchist and dictatorship during the Japanese colonial period? It is impossible to think in a unified way as readers have various opinions about poems that are easy to understand without any interpretations and which poems move their hearts more deeply. I tried to write the poem in an easy way because I thought it would be good for anyone to read the poem and understand it right away. I saw many people around me who read poetry and didn't find it interesting because they couldn't understand what the poetry was trying to say. If it is too difficult, people who love poetry will easily turn away from it, and poetry will become an uninteresting work. I learned traditional three-verse Korean poem from my teacher and composed this book of poetry with traditional three-verse Korean poems. I even drew 2 episodes of cartoons so that readers could enjoy both poems and cartoons. This is my first attempt, and if there are many requests from readers, I would like to try again when the next opportunity arises. Poetry should be interesting to those who read it. If we insist on the old things despite the change of era, the development of culture will also stop.

제1부
변하며 산다
Living by Changing

제2부

올 듯 아니 올 듯

May Come or May Not Come

차 례

제3부
전쟁에 헤어진 애인
Lover in War

제4부

떠나는 세월

Passing Times

부록 만화

제1부
변하며 산다

Chapter 1

Living by Changing

변하며 산다

내가 변하면 너도 변한다

어떻게 변할지 나의 생각이다
어떻게 변할지 너의 생각이다

악으로 변하면 악한 자 되고
선으로 변하면 선한 자 된다

나도 변하고 너도 변하고
기왕이면 선으로 변하기 원한다

그러나 그것도 나의 생각이다
다 같이 변하여 즐거움 찾아가자

Living by Changing

If I change, you change too

How I will change is my opinion.
How you will change is your opinion.

If we turn to evil, we become evil
If we turn to good, we become good.

I change and you change
If possible, I wish we would become good

But that is my opinion
Let's find joy by changing ourselves

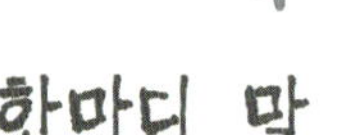

한마디 말

따뜻한 말 한마디에 기분 해가 솟고
꾸짖는 말 한마디 벼락치고
예민한 말 한마디 떫은 감이 되고
보이지 않는 소리가 마음을 펄럭인다

간사한 혀는 음식 맛 기막히게 간별하고
간사한 혀는 소리 잘못 내면 큰 화재되고
간사한 혀는 세상을 뒤집고 전쟁 일으키고

보이지 않는 소리가 크고 작은 일
성사하기도 한다

사람 살아가면서 남들과 관계가
어떻게 형성될 것인가는 소리 행동 따라
그 사람 운명이 결정되기도 한다

Just One Word

Just one warm word makes the sun rises
Just one scolding word strikes the lightening
Just one sharp word tastes like a puckery persimmon
Unseen sound waves the mind.

Cunning tongue distinguishes the taste of food surprisingly
Cunning tongue makes a big fire with the wrong noise Cunning tongue overturns the world and starts a war

Unseen sound causes
the big and small things

People make relationship with others as they live
and the relationship decides a fate by the
sound and actions

마음의 전달

내가 웃으면 너도 웃는다
네가 웃으니 나도 웃는다
같이 웃으니 기분이 좋다

내가 너를 기쁘게 하니
너도 나에게 기쁘게 하는구나
서로가 기쁘니 같이 기쁘다

Delivering the Hearts

When I laugh, you laugh
When you laugh, I laugh
It feels nice to laugh together

When I make you happy
You make me happy as well
We are happy and happy together.

주소 없는 그대에게

떠나갈 줄 모르는 마음속 그리움은
어제도 오늘도 내 곁에 붙어서
열화의 불길을 지르고 활활 태우네

비켜 가라 하여도 떠나가지 않은
마음의 그림자 떠나지 않네
피고 지는 구름처럼 내 마음 피고 지네

하늘도 좁고 바다도 좁은데

그대에게 보내려니 주소가 없구나
마음의 그리움 떠나지 않고
어디로 보낼까 답답하여라

You with No Address

Longing in my heart never leaves
It's with me, yesterday and today
It sets a blazing fire and burns me

I tell it to leave but it won't leave
The shadow of my heart won't leave
Just like the cloud that blooms and falls, my heart blooms and falls

The sky is small and the ocean is small

I want to send my heart to you with no address
The longing of my heart never leaves
I feel heavy with no address

정당

서로가 싸우려고 정당을 만들었나
한심한 한국정당 내 당이 아니거든
무조건 비판하는 끝없는 싸움 실망스레

애국은 어디 가고 서로가 편당하여
자기 당 잘못은 감싸고 상대 당
흠만 잡은 정치 국민은 피로하다

언쟁만 하는 정당 어린애 배울까 겁나

제발 좀 정책으로 국민의 심판받자
서로가 역지사지 품위를 지킨다면
많은 사람 본받아 나라 발전 앞서리

Political Party

Did we make a political party to fight each other
Pathetic Korean political party criticizing others unconditionally
Disappointing fight goes on endlessly.

Where is the patriotism
Now we take side
Defending my side
Attacking other side
Tiring the people

Fearing for children to learn ever disputing political party

Please be judged by the people for policies
If we keep each other's dignity
Many will follow and lead the country's development

세상살이

태어나서 살다 보면
너무 많다 답답한 일

너 아는 것 나 모르고
나 아는 것 너 모른다

다 같이 알고 모르는 것
이것이 세상살이다

그러려니 배우며 살아간다.

세상 지식 다 갖은 이 없으니
모른다고 구박하지 마라

Life

When you are born and live
There are too many difficult things

What you know, I do not know
What I know, you do not know

Everyone does know, everyone does not know
That is life

We learn and we live

No one knows all the knowledge of the world
So do not mistreat for not knowing

잡초

산골길 잡초로 태어나서
무심코 짓밟혀도
이 몸은 항의하지 못하고
살아가는 잡초 신세

그래도 죽지 않고
살다 보니 꽃피고
열매 달려
생명을 이어간다

Weeds

Born as weeds on a mountain road
Even when I am stamped carelessly
I cannot resist
but only lives as weeds

But I survive
I live, I bloom
I bear fruits
I continue living

거울

너는 언제 보아도 진실하다
내가 변하는 모습을 정확하게 알려주니까

세상 물정에 때 묻지 않고 거짓 없는
진실만 보여 주는 나의 유일한 벗 중
하나이니까

내가 아무리 변하여도 너는 나를
버리지 않고 바라보니까
겉만 보이지 말고 마음도 보여 주면 좋겠네

Mirror

You are always honest
You let me know how I change precisely

You are one of my only friends
who is unstained by the world
who is without lies
who is only honest

No matter how much I change
You do not walk away
You only show me
I wish you show me the inside
as well as the outside

들뜬 기분

기분 좋은 시간은 계속되지 않고
기분 나쁜 시간도 계속되지 않는다
환경이 사람 기분을 좌우할 뿐이다

환경이 안 변하여도 기분은 출렁인다
알지 못하는 기류가 흐르는 때에 따라
마음에 전파되는 것이 흔들리는 것이다

사랑하는 사람과 만나면 설레이고
기분이 들떠 행복하지만 평생을
다 같이 살다가 보면 무뎌지는 기분이다

Lighthearted

Happy time does not go on
Bad time does not go on
Only the environment decides the mood

Mood changes without environment changes
Unknown atmosphere sometimes touches the
heart and shakes the heart

Being with the loved one, the heart flutters
But spending the lifetime with the loved one,
it fades away

도전정신

도전을 막지 말라 창의력 무너진다
인간의 끝없는 상상력 실행해서
문명을 창조해내는 조력자 되고 싶다

타고난 재능들이 각자가 다르지만
하고픈 생각들을 실천하다 보면
영장의 소질과 능력 한 발짝 앞서가리

실패를 하였다고 좌절하지 않으면
경험이 학습되어 그 일에 달인 되리
인류의 필요한 물품 만들면 선구자

Challenging Spirit

Don't stop the challenges, creativity falls
I want to be a helper to create a civilization
by executing endless imagination

We all are born with different talents
But if we execute what we want
We will take a step forward to talents and
abilities of supreme creature

When we are not dashed by failures
We will learn from the experience and
have expertise
Let's become a pioneer by making what man-
kind needs

제2부
올 듯 아니 올 듯

Chapter 2

May Come or May Not Come

올 듯 아니 올 듯

올 듯 아니 오는 당신
당신만을 기다렸소
약속하오. 아니오니

기다렸소, 안 오는 당신
슬픔만 쌓입니다
목마릅니다. "목"이 탑니다
다녀가세요 "지나가세요"
바람에 부탁해요. 혼자만 오지 말고
안 오려 하거든 바람 등에 태우고 오세요

애타는 이 내 심정 나만의 고민인가
가뭄에 메마른 이 심정
목 탄 동식물 기다리오. 비구름을…

May Come or May Not Come

You seem to be coming but are not coming
I have waited for only you
You are being hard on me for not coming

I have waited for you, who are not coming
Only the sadness builds
I am thirsty, 'My throat' is burning

Please come by. "Please pass by"
I ask the wind, don't come alone
Please carry her to me if she refuses to come

Is this anxious feeling only mine
My heart dried up like a drought
Thirsty animals and plants wait. For the rain cloud

무더운 여름

덥다
아니 더워
날씨는 불가마
그대 마음은 찬 서리

갈까 말까
그리워 갈봄
그리워 당신이

뜨거운 여름
갈까나 가을건이
겨우 지내는 겨울
보고프다 봄날이

나이가 늘어나니 늙어
또 오려나
춤추는 춘 사월
아쉬운 세월…

Sweltering Summer

It's Hot
No, it's not
Weather is like a dry sauna
Your heart is like cold frost

Should I go or Should I not go
I miss the spring that will leave
I miss you

It's sweltering summer
Should I go harvesting
Barely getting through winter
I miss the spring days

Growing old as I age
Will it come again
Dancing April of the spring
Aching for the passing time..

기다리는 날

새벽잠 깨어나서 유리창 똑똑 소리
유심히 들어보니 만물의 식수 소리
목이 탄 봄날 생명 환영의 향기 품네

동 납월 꿈속에서 누구를 생각했니
오늘도 나는 너를 기다려 잠 못 들고
이제야 희망 봄날 비 내리는 새벽녘

멈출 줄 모르고 흘러가는 세월 속에
인생의 가는 길 끝없이 오고 가네
반복되는 세월같이 우리는 아니 오려나

Waiting Days

Waking up from a sound sleep at dawn
Hearing the knocking on the window
As I listen closely, it's the sound of drinking water of all things
It has the scent of welcoming for thirsty spring days

Who did you think about in your dream on December of the lunar calendar
Today, I cannot sleep again, waiting for you
It's finally the crack of dawn with rain of hopeful spring days

In the passing of time without knowing how to stop
The road of life comes and goes endlessly
Like the repeating years, wouldn't we become one

복수초

엄동설한
추운 줄 모르고

온몸에 활짝 웃음 짓고
나온 복수초

온갖 번뇌를 물리치고
금강력으로 솟은

불굴의 너를 보니
그 옛날

이웃집 처녀에게
뇌쇄 당한 듯하구나.

* 뇌쇄(惱殺) : 여자가 아름다움으로 남자를 매혹시켜 애타게 하는 것

Adonis

Not knowing the cold
from frigid winter

Adonis bloomed with
smiles all over itself

Seeing you
defeating all anguish
standing with adamantine might

I feel like the old times

When I was enchanted
by the girl next door.

환영

흥이 나는 국제도시 전진하는 평택
정보 과학 시대가 도래 실업 해소
동삭동 빈자리에는 건축물 세워지고

알뜰한 우리 민족 경제적 이익 나고
좋아지네 살기가 마음 편해 시민들
서로가 어울려 살며 행복한 가정설계

앞장서 길어가자 부유한 나라선설
앞서가는 대한민국 부흥하는 겨레
세계 속 모두가 부유한 나라 건설하자

Welcome

Exciting international city, advancing Pyeongtaek
Information Science Era has come resolving unemployment
Buildings are built in empty space in Dongsak-dong

Economical benefits for our frugal people
Everything is getting better
People are living better
Happy family life altogether

Let's lead the constructing of wealthy nation
Leading Korea, Reviving people
Let's make a wealthy world

해바라기

한평생 기다려도 거리가 너무 멀어
다가가지 못하는데 어쩌다 너를 만나
이루지 못하는 먼 곳 바라만 보고 살랴

해뜨기 기다리는 내 이름은 해바라기
오늘도 기다린다, 따사한 해뜨기를
오로지 너만을 보며 살련다, 내 일생을

기뻐도 너를 보고 미워도 너만 본다
구름 껴 보지 못해 비가 와 볼 수 없어
오늘도 햇볕 보기를 기다리는 해바라기

Seeker of the Sun

Even if I wait all my life, you are too far away
How come I met you, the one who cannot
never get close to
I always look at you from far away

My name is Sunflower, waiting for the sun to rise
I wait today for the warm sun to come up
I will live only looking at you for my whole life

I look at you when I am happy
I look at you when I hate you
I cannot see you because of the cloud
I cannot see you because of the rain
I am sunflower waiting for the sunlight
again for today

돈 돈 돈 돈 돈

인류가 만든 물질 중 돈이 최고이다
원하든 원치 않든 있어야 살아간다
돈만을 원망하고 돈을 갈망하는 세상이다

돈은 권력이 센 권력자 아버지다
눈물과 웃음 속을 드나드는 돈이다
돈이란 위력은 위대한 인류의 욕망이다

이 세상에 가장 재주 부리는 돈이다
돈은 가난한 이의 눈물이 되기도 하고
어느 땐 부력의 칼날 되어 춤을 춘다

너의 곁을 떠나고 싶어도 못 떠나는
유혹하는 너에게 알 듯 모를 듯 끌리는
짝사랑 돈아 허우적대는 나의 삶을 채워다오

* 부: 력 富力)① 재산의 정도.② 재산이 많으므로 해서 생기는 세력.

Money Money Money Money Money

Money is the most important material created by the mankind.

Whether you like it or not, you need it to live
It's a world that resents and craves money

Money is the father who holds the power
Money come in and out of tears and laughs
The power of money is a great human desire

Money plays the most tricks in the world
Money becomes the tear of the poor
Money sometimes dances as the sword of the power of the wealthy

I want to leave you but I cannot
I am attracted to you who seduces me ambiguously
Money, my unrequited love, fill my struggling life

* Power of the wealthy)① Degree of wealth
② Power that arises from having a lot of wealth

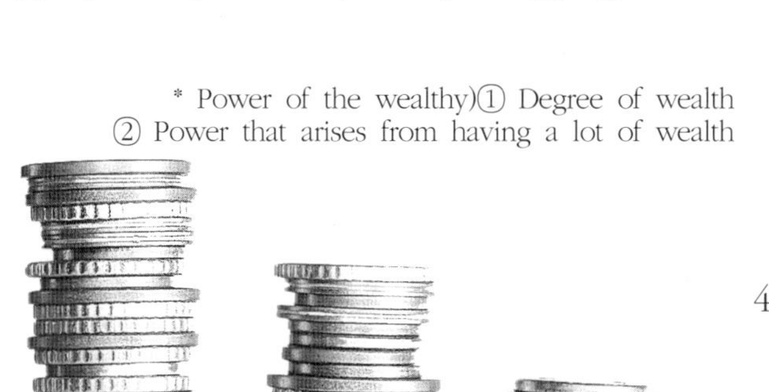

지나가는 고통

살다 보면 고통이 올 때가 있어요
고통은 계속되지 않아요
참고 지내는 시간이 필요해요

세상은 햇빛만 오지 않아요
구름과 비가 가로막기도 해요
밤이 지나야 날이 밝아요

풋 농식물에게도 고통은 있어요
바람과 햇빛은 생명을 살리기도
하고 고통을 주기도 해요

참으면 스스로 끝나는 날이 돌아와요
살다 보면 우여곡절이 있어도 고통은
물러가고 행복이 돌아와요

Passing Pain

There are times in life when pain comes
But the pain does not last
You need time to endure

The world does not only come with sunlight
Sometimes the clouds and rain block it
The day gets brighter when the night passes

Even all animals and plants go through pain
Wind and sunlight can save lives,
can give pain

When you endure it, the end day
comes again
There are ups and downs in life
but pain goes away and happiness
comes again

부모는 해와 달

우리 어머니는 해이고
우리 아버지는 달이다
우리는 해와 달 사이에서 태어났다

우리는 햇빛으로 성장하고
우리는 달빛으로 잠을 자고
바람과 물이 마음이 되었다

살아가는 너와 나 나 같이
네 가지 요소가 필요했다
네 가지가 심신의 모체이다

해의 정신을 이어서 자비롭고
달의 정신으로 조용히
바람과 물 같이 사회에 공헌한다

Parents are the Sun and the Moon

My mother is the sun
My father is the moon
I was born between the sun and the moon

We grow with the sunlight
We sleep with the moonlight
The wind and water became the heart

Both, you and I who live
We needed the four elements
The four elements are the matrix of the mind and body

Merciful by inheriting the spirit of the sun
Quiet by inheriting the spirit of the moon
Contributing to society like the wind and water

인 연

가만히 있고 싶었다
네가 어느 날
나를 흔들었다

너를 기다리지 않았다
갑자기 찾아와서
내 마음을 흔드느냐

인연은 바람처럼
원하지 않아도 내 마음에
들랑날랑하니까…

Fate

I wanted to stay still
But one day
You shook me

I did not expect you
But suddenly
You came and shook my heart

Fate is like the wind
comes in and out of my heart
no matter I want it or not…

55

떨어져도

아파… 아파 몸이 아파
아파… 아파 마음이 아파
세상의 모든 것이 귀찮아

한때의 세상살이 절망의 몸부림
간신히 이겨내고 조용히 희망 찾아
봄날이 오기만을 싹이 트기만을…

순간의 세상살이 여한도 미련도
구름처럼 개울물처럼 흘러 흘러
소멸의 시간으로 가는 것이 인생이란다

육체는 저버려도 정신은 영원하라

Even When We Are Separated

Pain~ My body is in pain
Pain~ My heart is in pain
I am tired of the entire world

Struggle of dispair came to life in the past

I barely won and am looking for hope quietly
Just waiting for the spring to come
Just waiting for the bud to come

Moments of Life, regrets, and even lingering feelings
Flows and flows like the clouds and the stream water
Going towards the time of extinction
That is life

Body never stays but the spirit stays forever

어느 날

어느 날 나는 간다
나는 어디로 가는지 모른다

보이는 것은 하나인데
나는 둘이다

떨어지면 못 산다
하나는 몸이고 하나는 마음이다

나의 정신은 자연석에
남겨 놓고 가리라

나의 모습은 사진으로
남겨 놓고 가리라

나의 육체는
불에 타 없어지리
나는 모두가 끝나리

One Day

One Day, I will go
I don't know where

There is only one me
But I am two

I cannot live being separated
One is body and the other is mind

I will leave my mind
on a living rock

I will leave my trace
in a photo

But my body will be gone,
burnt down with the fire,
Everyone and myself will be gone

제3부
전쟁에 헤어진 애인

Chapter 3

Lover in War

전쟁에 헤어진 애인

따라오지 마라 따라오지를 마라
아무리 외쳐도 따라다니는 불청객
밟아도 비켜도 따라다니는 마음의 그림자

몸도 마음도 갈라지고 나라도 갈라져
왕래를 못 하는 철조망아 사라져라
전쟁이 갈라서 놓은 38선이 원망스럽다

갈리진 38선아 가로막힌 철조망아
기약 없는 세월만 간다 갈라진 민족이여
통일을 위하여 전진하는 폭풍의 강물 되자

Lover in War

Do not follow me, do not follow me
Uninvited guest who follow me no matter how much I scream
Shadow of the mind that follows me around
no matter how much I step on it, how much I avoid it

The body and mind are separated and so does the nation
Barbed wire blocking people coming and going, be
goneI resent the 38 parallel which the war set
Dividing 38th parallel and barbed wire
Years without promises pass by, Oh divided nation
Let's retrieve the river of storms going forward for
he unification

투전판

농부들 하삼삭 월 보내고 가을 지나
두렛일 끝이 나고 동납월 되었다가
화투로 세월 보내니 아쉽고 슬프다

농사일 추수 끝나 곡식을 쌓아놓고
투전판 벌이어서 쌓아놓은 곡식 팔아
빚지고 길미 갚으려 진땀이 빠진다네

건전한 생활 하며 집안일 도와주는
농부들 대부분이 농촌을 빛내는데
소문난 저 마을에는 가지를 말아다오

* 하삼삭(夏三朔) : 여름 석 달. 곧, 음력 4월과 5월과 6월
* 두렛일 : 여러 사람이 두레를 짜서 함께 하는 농사일. 두레 농사.
* 동납월(冬臘月) : 음력 동짓달과 섣달.
* 길미 : 빚돈에 덧붙어 느는 돈. 변리. 이자.

Gambling Place

Farmers work through the three months of summer and the fall
When the cooperative farming is done, it's the two months of winter
Oh how sad and shameful for them to pass their time with gambling

When the harvest is done, they pile up crops
They start gambling and sell off crops
They fall into debt and sweat hard to pay the interest

Many farmers who live a healthy life, helping house chores honor the farm village
But do not go to that infamous village

* Three months of summer: Three months of summer. In other words, April, May, June in lunar year
* Cooperative farming: Farming that people cooperate by making a team. Cooperative farming
* Two months of winter: November and December of lunar year
* Interest:Money that increases in addition to debt money. Interest

뻐꾹새

뒷동산 숲속에서 날마다 뻐꾹 뻐꾹
남의 집에 맡겨둔 새끼를 불러대네
자장가 들려주시던 어머님 노랫소리

아련히 들려오는 그 날이 생각난다
어릴 적 엄마 엄마 부르던 정든 노래
어머님 자장가 소리 지금도 들려오네

한 번 간 세월여류 다시는 못 오건만
뻐꾹새 울음소리 어릴 적 생각 깨워
아련한 그 옛날 동무 보고픈 마음이네

* 여류(如流)하다 : 물의 흐름과 같다. 유수(流水)같다. 흔히 세월의 빠름을 비유하는 말

Cuckoo Bird

In the back hill forest, cuckoo cuckoo every day
Calling for the baby she left in someone
else's house
The singing of the mother's lullaby

Remembering that day when I can hear fainly
Familiar song from the childhood singing
mom ~ mom
Still hearing the sound of mother's lullaby

Times that flows by can never come back
But the cuckoo's cry wakes up my
childhood memories
Longing to see the old friend who now
is vague

* Flow by: Like the flow of water. Like the flowing water, common figurative speech for time flying by.

첫사랑 연가

사랑은 지워지는 꿈인데
기다리는 마음이
적란운 되었나

어려서 뒷동산 나뭇가지에

잠자며 꿈속에서
들려오는 아련한 추억
첫사랑 연가는 잊을 수 없네

* 적란운(積亂雲) : 적운보다 낮게 뜨는 구름, 우박 · 소나기 · 천둥을 동반하는 경우가 많음. 쌘비구름

First Love Song

Love is the dream that fades away
Did the mind waiting for love
became cumulonimbus

On the tree branch in the back hill when
I was young

Vague memories came to my dream while
I was sleeping

I cannot forget the fist love song

캄캄합니다

달도 없습니다 별도 없습니다
하늘도 캄캄합니다
내 마음도 캄캄합니다

차도 사람도 뜨문뜨문 다닙니다
겨우 가로등 불빛이 빛을 내어
길거리 개망초꽃이 반깁니다

이 새벽 구름 낀 야밤에
당신을 마음에 안고
운동하러 나갑니다

살다 보면 어두운 날처럼
어려움을 만납니다
당신을 안으면 빙그레 집니다

시간이 지나면 밝아옵니다
운동하고 돌아오면
새날이 밝아
당신이 맞이합니다

It's Dark

There is no moon, there is no stars
The sky is dark too
So does my heart

Both cars and people go by from time to time.
Only the light of the street lamp shines
The street daisy fleabane welcomes.

On this cloudy night at dawn
I hold you in my heart
and go exercising

As we live life, like the dark days
We encounter difficulties
But I can smile when I hold you in my arms

Bright days come as time passes by
When I come back from exercise
New day would shine
Welcoming you

통일로 가는 길

무서운 악어가 있어도 수만 마리 소 떼가
지나가면 강물을 건너고 무서운 사자가
있어도 수만 마리 소 떼는 사자를 피한다

무서운 정치를 하여도 수백만 국민이
왕래하면 통일로 가는 길 조직은 무너지는데
38선 무너뜨리자 통일은 그 길이련다

거둬 치자 철조망 왕래하자 통일로 가는 길
통일을 위하여 조직을 깨부수자 철망을 치우자
국민이 자유스럽게 왕래하면 통일이다

Road to Unification

Even if there is a scary crocodile, when a herd of tens of thousands of cattle passes, we can cross the river
Even if there is a scary lion, a herd of tens of thousands of cattle can avoid the lion

Even with terrible politics, when millions of people come and go, it becomes the road to unification
As the organization falls, let's tear down the 38th parallel
That is the road to unification

Let's clear away the barbed wire fence
Road to unification
For unification, let's tear down the organization
Let's clear away the wire fence
People come and go freely
That is the road to unification

밤에만 오세요

어슬막 초생달 뜨는
밤이 되면은 날 보러오세요
어슴푸레 달밤에
살금살금 날 보러 오세요

낮에는 부끄러워
고개를 못 들고
야심한 달밤에만
날 보러 오세요

해가 지고 날이 가서
보름달이 여명(黎明) 하면
나는 더 아름다운
치장을 하고 희망을
기다립니다

해가 뜨는 낮에는
벌 나비가
나의 순정을
무너뜨려요

어슴새벽까지는
빵긋빵긋 웃으며 날 보러오는
당신을 기다리겠어요
내 이름은 월견화(月見花)이에요

Come Only at Night

When the night comes and crescent moon rises
Come see me at night
In the dark moonlit night
Come sneaking to see me at night

In the day, I am too shy
to lift my head
Only in the midnight, under the moon
Come see me

When the sun goes down and the days go by
When the full moon dawns
I dress up more beautifully
and wait with the hope

On the day when the sun rises
bees and butterflies
breaks down my innocense

Until dawn
I will wait for you with a bright smile
I am moon-flower.

당신이 잠잘 때

당신이 고요하게 잠자는 새벽녘에
살포시 일어나서 현관문 소리 줄여
내 님이 모르게 운동길 나가는 신작로

대로변 풀밭에서 귀뚜리 밤새우며
빔무대 가수 인가 노래를 불러내네
호천의 어둠길에는 샛별이 반짝인다

온몸에 땀방울이 옷깃을 적시우며
통복천 운동 길옆 돌다리 사이사이
흐르는 신명 물소리 귀갓길 서두른다

When You Sleep

At dawn when you sleep quietly
I get up gently and try to mute the sound of front door when opening the door
Shinjakro, a way to exercise without waking you up

Crickets chirp all night long in the grass by the roadside
As if a night stage singer, they sing a song
The morning star twinkles on the dark road of Hocheon

Beads of sweat drip down my neck
Between the stone bridges next to the Tongbokcheon Exercise Road
The sound of flowing water rushes me back home.

잘못을 기억하리

후회한들 무엇 하랴 지난날 잘못을
되돌리기 힘들다 흘러간 물결이라
모름을 변용하리라 내 잘못 알았으니

깨닫고 고치련다 돌아오는 시절엔
고치며 살아가리 잘못은 기억하고
막급만 쌓여가누나 알고 나니 잘못된 것

성찰하고 반성한다 마음으로 잘못을
안 하리라 지난 잘못 나만의 비밀인가
누구나 살다가 보면 잘잘못 지니고 살련만

Remembering the Fault

What's the point of regretting the faults of the past?
It's hard to turn back, it's a flowing wave
I will change because I know what I didn't know then

I will acknowledge and change it in the coming times
I will change myself and live remembering the faults
Only deep regrets accumulate, since I know what
I did wrong

I reflect and look back on the faults with all my
hearts
I will not make the same mistake, but is it only a
secret to myself
But everyone lives making mistakes and
doing wrongs

구름 타고 전해다오

흘러가는 저 구름아
내 마음 싣고 가다오

아득한 그 옛날
저 멀리서 보내는

그리운 벗이 생각난다

오늘도 피고 지는 꽃잎 되어
바람에 흘러가는 내 마음 싣고

구름 타고 전해다오

부질없이 이내 마음
구름처럼 피고 지네

Carry on the Clouds and Tell Me

Flowing clouds
Carry my heart with you

I remember a dear friend
whom I sent away

in the distant past

Become a flower which blooms and falls even on today
Carry my heart which flows with the wind

Carry on the Clouds and Tell Me

My idle hearts
Blooms and falls like clouds

새벽잠 경사

서리 온 마구간의 늦가을 새벽녘에
송아지 태어나서 어미 소 부르는데
잠결에 일어난 주인 경사다 춤을 추다

엄매… 마구간의 송아지 울음소리
새벽잠 깨우는데 담벼락 나뭇가지
까치도 동네 사람들 단잠을 깨우나니

고요한 시골 동네 저 멀리 오두막집
홀아비 아저씨도 잠에서 깨어나고
산동네 초가집마다 경사를 알리누나

Happy Thing During Sound Sleep at Dawn

At the dawn of the late fall of frosty stable
A calf was born and mother cow calls
Owner woke up from sleep and danced for the happy incident

Moo~ the crying sound of calf at the stable
wakes up all the sound sleep at dawn and the
magpie on the bore wall branch wakes up all
the sound sleep of the townspeople

A shed far away from the quiet country
neighborhood
and the man sleeping in there woke up
announcing the happy incident of the shed in the mountain village

벌레 먹는 출세

노력 뒤에는 출세가 따르고
출세 뒤에는 권력이 따르고

권력 뒤에는 돈이 따르고
돈 뒤에는 권력의 유혹이 따르고

돈 뒤에는 이성이 꿈틀대고
이성 뒤에는 실망과 분노가 움직인다

명예 뒤에는 조심히 따라야
후환이 없다

Success Eating Worms

Success follows hard working
Power follows success
Money follows power
Temptation of Power follows money
Rationality squirms behind the
money Disappointment and anger squirms
behind the rationality

Follow the honor carefully so that no
future trouble will come after.

제4부
떠나는 세월

Chapter 4
Passing Times

떠나는 세월

나를 그리워하든 사람도
나를 괴롭히던 사람도
하나둘 떠나가네

어쩌다 마주치면
할 말 못 해 서성이든
앞 동네 순이도

어쩌다 마주치면
“야 너 어디가”
옆 동네 분이도

지금은 어디로 갔나
보이지 않네

세월 속 흐름길 그침이 없구나
즐거움도 슬픔도
세월 따라가니 모두가 그립다

Passing Times

Someone who missed me
Someone who bothered me
They all leave one by one

Sunyi whom I
hovered not knowing
what to say

Bunyi from next-door whom asked
"Hey where are you going"
whenever I met her

Where is everyone?
I cannot see them

Time passes by without stopping
Joy and grief
all passes by with time and I miss everyone

시련

시련과 고통은 따라다니는 인생길
맑은 하늘에 비구름 지나가듯
우리의 몸과 마음이 지나는 통로려나

사는 것 고달프고 견디기 어려워도
흘러가는 구름처럼 모두가 지워지는데
저마다 살아가면서 겪어보는 단련이련다

흐르는 개천물도 가물어 메마르고
시련도 지나가고 기쁨도 지나간다
오가고 하는 것이야 인생의 일상이란다

Hardship

Hardships and pains follow the path of life
Like rain clouds passing by in the clear sky
Is it a passage through our body and mind?

Even if life is weary and hard to bear
It erases like a flowing cloud
It's a discipline you experience in life.

Even the flowing stream becomes dry due
to drought
The hardships pass and the joys pass.
Coming and going is the daily routine of life

생각대로 아니 되는 그리움

그립고 그리움은 괴로움 시발점
부모 형제 자녀 손자 흘러간 세월
그리워 모두모두가 그리워 동무들

지우려 하여도 너 생각나 그리움
그리움 멈추지 않고 지나가는 세월
어떻게 잊으려느냐 뜻대로 아니 되니

간간이 생각나 애타게 밀려오는
이맘도 생각대로 아니 되는 그리움
상념의 깊은 생각에 파도가 가슴 때리네

Longing that Doesn't Go the Way I Think

Longing and longing are the starting point of suffering
Years passed leaving parents, siblings, children, grandchildren
I miss you, I miss you all, my friends

Even if I try to erase it, I remember more and miss you
Years passing without stopping
How do I try to forget it, it doesn't go the way I want it to be

I think of it for a moment and it comes to me
The longing that doesn't even work as I thought
Deep thoughts of thoughts, waves hit my heart

알 듯 모를 듯

생각나 잊지 못해 흘러간 세월
그리워 지난날 또한 그리워
불러보고 불러도 대답 없는 과거
철없던 시절 즐거움과 후회의 시절

알듯이 모를 듯이 모르는 마음
돌아가고 뒤돌아가고 돌아가고 싶어도
되돌리지 못하는 흘러간 인생여정
지금에 생각하니 잘못도 많다

못되고 잘되고 곡절 많은 세상살이
잘한 일 못한 일 모두가 그리워
아무리 불러도 아무리 지나도
지난 세월 그리움만 그리워 또 그리워

Knowing or Not Knowing

I remember, I can't forget the years that have passed
I miss the passed years too
The past without an answer no matter how many times I call
Ages of immaturity, times of joy and regret

As if I know, as if I do not know, a heart doesn't know
Even if I want to go back and return and go back
Life's journey that can't be turned back
Now that I think about it, I made many mistakes

A life that is bad, good and has many twists and turns
I miss all the things I did well and the things I didn't do well
No matter how much I call, no matter how much passes
I only miss the past years and I miss again

초대 받은 꿈

외롭고 고적(孤寂)한데
아릿한 여심 초대

황홀한 공실에서
연가의 노랫소리

은은히 들려오네
한 잔의 술잔 파티

사나이 애간장을
슬며시 태우는데

육신의 시화연풍
머물다 가련마는

어젯밤 이 모든 것
꿈으로 흘러가네

Dream of Being Invited

Lonely and solitary
Tingling invitation from a woman's heart

In a dazzling vacancy
sound of singing a love song

I hear it softly
Party with a drink

A man's love
frets himself

Soft wind of poetry and mind of the body
Stay and go

All the things of the last night
flows into a dream

절망과 희망

오늘 이루지 못하여도
절망하지 마라
내일이 있다

절망의 시간이 있으면
희망의 시간도 온다

Despair and Hope

Even if you can't make it today
Don't despair
There is tomorrow

If there are times of despair
A time of hope is coming.

어리어리 어서리

어리어리 어서리 하늘땅 어서리
힘내라 사랑 열차 행차 준비다 됐다
된단다 어서리 사랑 열차가 떠난단다

난다 난다 어서리 하늘까지 난다
떴다 떴다 어서리 머나먼 고향 땅
볼까나 말까나 어서리 노래하는 어서리

춘다 춘다 어서리 춤추는 어서리
정다운 손잡고 돌이돌이 어서리
신나는 오늘 하루가 기분 좋은 어서리

Uhri Uhri Uhseori

Uhri Uhri Uhseori, the sky and the earth uhseori
Be strong, love train is ready
It's done done uhseori the love train is leaving

Fly fly fly to the uhseori sky
Floating Floating uhseori faraway homeland
Let's see it or not, uhseori singing uhseori

Dance dance uhseori dancing uhseori
Turn turn uhseori holding hands together
Exciting day and happy uhseori

인생길(人生向路)

엄마 배속
나오면
응애응애 부르는 소리

백일
방긋방긋
귀여운 복둥이 까꿍 까꿍

돌잔치
아장아장
엄마 손잡고 걸음마 걸음마…

고이고이
훌륭한 사람 되기를
부모 바라고 바랐다네
부모는 빌고 빌었다네

성장하며 주위 친구
잘못 만나면
부모 속 뒤집어놓고

자라면서 주변 동무
잘 만나면
부모 아들 자랑한다네

인생길 굴곡선
가도 가도 끝없는
희비 엇갈리는 길이라네

바라는 희망
과욕 버리고
가다 보면 인생은 즐겁다네

* 까꿍 까꿍 : 어린 아기를 귀여워하며 어를 때 내는 소리

Life Road

The sound of calling
When coming out of
the mother's womb

One hundred days
Smiling smiling
Cute lump of luck peek-a-boo~ peek-a-boo

First birthday party
Toddling
Holding a mother's hand and walking~ walking

Carefully carefully
Praying to become a great person
Parents wished and wished
Parents prayed and prayed

Growing up and meeting
the wrong friends
Upsets the parents

Growing up and meeting
the good friends
Parents bragging about their son

The curvy line of life road
continues endlessly
It's a path of mixed joy and grief

I hope
Let go of greed and continue
then the life is full of joy

* Peek-a-boo Peek-a-boo :
The sound they make when they are petting a little baby

단청은 다시 하건만

사라진 왕의 정치 무너진 왕조 권력
경성의 옛 궁전은 탈색된 단청만이
그 옛날 울긋불긋 꽃 대궐 황혼이 깃드네

단청이 화려하던 옛날 궁 쓰라린 역사
단청은 화려하게 다시 해 빛나건만
희망이 무너진 옛 궁전 경적만 고요해

나라를 호령하던 흥선 대원군 어디 갔나
경복궁아 너는 민비시해사건 보았느냐
민족이 울부짖었던 을미사변 일제의 잔혹사

Although Dancheong is renewed

The King's politics is gone and the power of the dynasty is fallen

The old palace in Gyeongseong only had bleached dancheong

The twilight of the colorful flower palace of the past dwells

The bitter history of the old palace when Dancheong was splendid

Dancheong shines brightly again

Only the horns of the old palace, where hope has been destroyed, is still

Where did Heungseon Daewongun, who commanded the country. go?

Gyeongbokgung Palace, have you seen the Minbi scandal?

The atrocities of Japanese imperialism that the nation cried out in the Eulmi Incident

사찰에서 자던 날

깊은 밤 사찰 뒷산 달빛이 창 사이로
쏘아진 객 방에서 소쩍새 노랫소리
어머니 젖꼭지 빨던 먼 옛날 생각난다

네 무슨 사연이라 이리도 슬피 우니
오늘 밤 잠자리에 꿈속의 그리운 님
오시지 아니하실까 밤새워 울다 지쳐

소쩍새 소쩍소쩍 깊은 잠 못 이르고
부엉새 울음소리 애절한 잠을 깨워
창가에 달빛 교교해 슬품만 스쳐 가네.

* 교교하다(皎皎하다) : 달이 썩 맑고 밝다

The Day I Slept at the Buddhist Temple

The moonlight of the mountain behind the temple in the deep night comes through the window
Scops owl singing birdsong in the faraway guest room
Reminds me of a long time ago when I used to suck my mother's nipples

Why are you crying so sadly, what's your story
I miss you in my dreams in bed tonight
I'm tired of crying all night long worrying you will not come

Scops owl not getting a deep sleep.
The cry of an owl wakes me up from my mournful sleep
With the bright moonlight on the window, only sorrow passes by.

* Bright moonlight : The moon is quite clear and bright

초파일

불자들 정성으로 새로 한 심해사 단청
화려하고 엄숙한 기도처 도량되어
찾아든 사람아 많아 기도가 끝이 없다

산중사찰 산길 따라 심해사 초파일 날
꼬부랑 할머니 무릎 아파 지팡이 짚고
숨 가쁜 오름에 자손들 잘되라 빌고 빈다

자녀들 이름 적어 초파일 등을 달고
부처님께 108배 올리면서 기도하니
부처님 미소 띤 얼굴로 할머니 바라보네!

Buddha's Birthday

Simhae Temple dancheong newly made with sincerity of Buddhists
A splendid and solemn place of prayer
A lot of people comes and the prayers are endless

Simhae Temple along the mountain road of temple of the mountain on the Buddha's birthday
Bent-over grandmother uses a can due to hurting knees

She climbs up out of breath and prays and prays that the descendants are well.

Writing down the names of children and put up a lights of Buddha's birthday
Praying and bowing 108 times to the Buddha
Buddha looks at grandma with a smile on his face!

心解寺(思)

오늘은 임과 언쟁 마음이 심란한 데
심해사 찾아가서 마음을 풀어볼까
와중한 마음에 종이 울리는 안식처

허약한 중생들이 마음에 갈등 나면
찾아가 기도하는 마음의 등댓불이
이맘을 달래어주는 마음속에 심해사

갈등과 고민인들 나만이 아니련만
누구나 찾고 싶은 심해사 어디 있나
갈등의 치유로 본인 마음 흘러가는 시간이다

* 와중(渦中)① 물이 소용돌이치며 흐르는 가운데. ② (주로 '와중에'의 꼴로 쓰여) 일 따위가 시끄럽고 어지럽게 벌어진 가운데.
· 어수선한 ~에

Simhae Temple

I'm having a hard time arguing with you today.
Shall we go to the Simhae Temple and clear our minds?
A resting place where the bell rings in the middle of heart

When weak sentient people have conflicts in their minds
They visit the lamp of the heart and pray
Simhae Temple in my heart that soothes my heart

I'm not the only one with conflicts and troubles
Where is the Simhae Temple that everyone wants to find?
Conflict Healing It's time to let your heart flow

* In the middle ① In the midst of swirling and flowing water. ② (Mainly written in the form of 'in the middle') In the midst of noisy and chaotic events.• In the clutter

▲문화재 맹아의 시대겨우 지나 고증을 제대로 찾지 못한 문화재 관리국 시대단청
▶ 1970년대 신라문양이라고 그린 문양 다시 그 문양대로 요즘하는 단청

신라 복원 단청 문양

오늘날 옛 신라 터 경주시 복원 단청
조선시대 단청에서 나타나는 문양인데
신라의 단청 행세하니 슬프고 안타까워

늪팽이 녹실 황실 장, 삼, 석 휘 문양은
고려 말기 조선시대 이전에는 없던 문양
신라의 건물 복원 조선단청이 신라단청 행세한다

▼鳳停寺 極樂殿 檐遮 卷鬚紋丹青

▼요(遼)(辽)河北淶源閣院寺斗栱彩畵)

▲高麗鳳停寺 極樂殿 적외선 촬영으로 나타난문양
▶河北定縣開元寺料敵塔地宮彩畵宋咸平四年 이 당시 西紀1001年

신라 문양 찾느라고 옛 역사 참고하네
안동 봉정사 宋 개원사 문양 참고하면
옛 문양 앞서가리라 동양 삼국 우리나라

BC57 신라건국 망국 서기 935년
고려 건국 918 두 나라 간극 17년
봉정사 극락전 문양이 신라문양 가장 가깝다

▼영조법식 1103년 북송숭녕 2년에 발간 원본은 소멸되고 그 후 5번 이상 고쳐 발간되었다. - 안동 봉정사 극락전
▶문양은 송대개원사 문앙과 같은 것으로 보아 영조법식보다 90~100년 이상 앞선 문양으로 생각된다

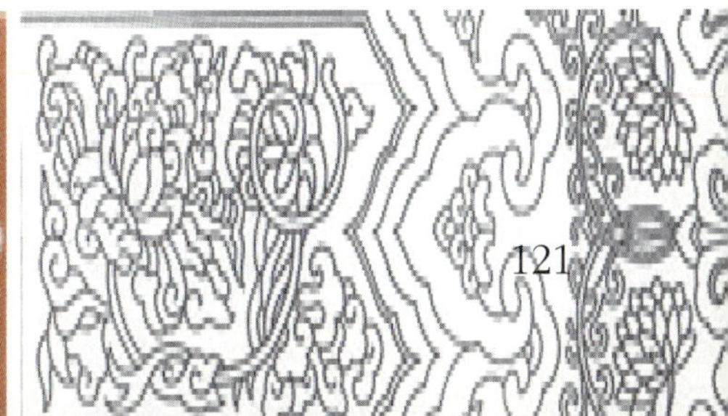

▲ 高麗鳳停寺 極樂殿 적외선 촬영으로 나타난문양
▶ 河北定縣開元寺料敵塔地宮彩畵宋咸平四年 이 당시 西紀1001年

영조 법식 앞선 高麗 봉정사 宋 개원사
권수초 단청 문양 남겨두고 신라복원건물
조선조 단청 문양이 신라 단청 행세하나

양복 입고 신라시대 공연하는 배우가
신라 때 복식이라 주장하는 꼴되었네
양복 나오기 전 옷을 입어야 할 텐데…

신라복식 갈아입고 공연해야 명배우라네

▼안동鳳停寺 極樂殿 紋樣

중국송나라 營造法式 나오기 97년 전의 紋樣이다

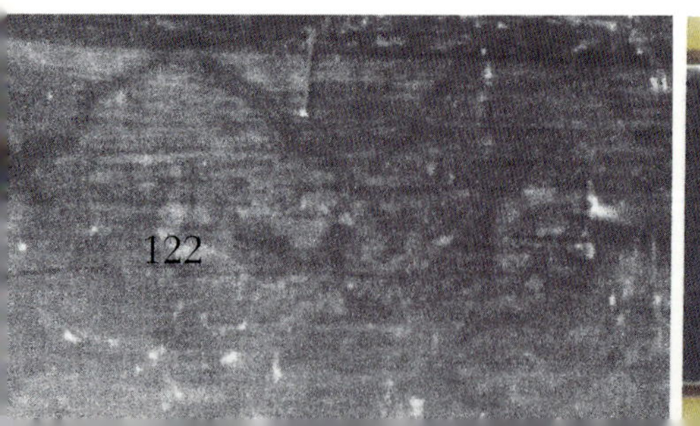

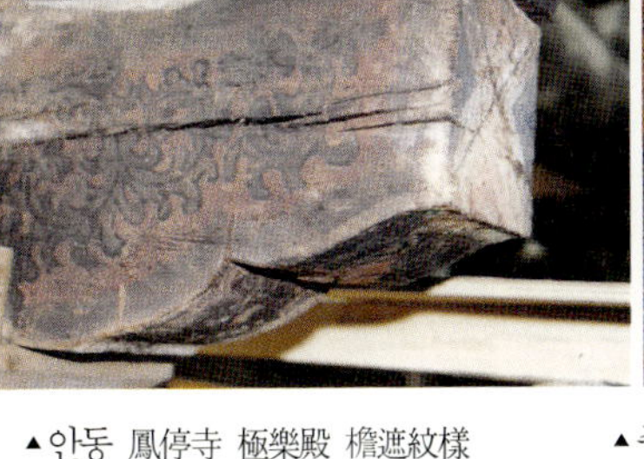

▲안동 鳳停寺 極樂殿 檐遮紋樣

▲중국 요(遼) 河北 래원 각원사 장여받침

어렵다 슬프다! 잘못 주장 홀로하니
누군가 깊은 생각 알아줄까 잘못된 것
신라 문양 없다하면 고려 문양 비슷하리

후세에 누구라도 문양을 연구하여
바로잡아 복원하라 신라복원건물
단청 골팽이 녹 황실 휘 없기를 바라네

다시금 생각하여 詩로라도 주장하리!

▼1001년대 이전으로 보이는 極樂殿 內部 檐遮뱃바닥문양

▶營造法式 나오기 전의 現存하는 紋樣

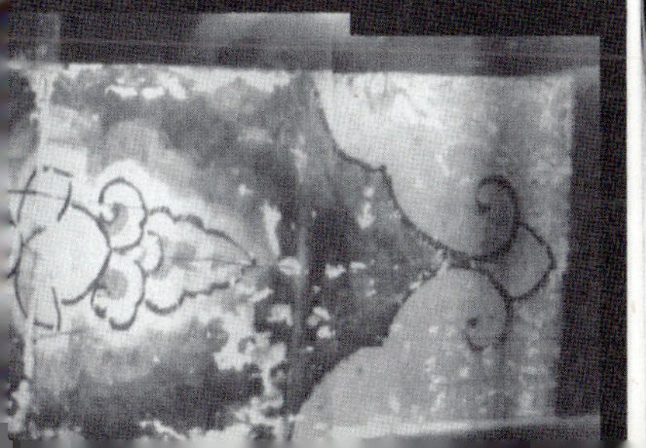

▲ The era of the birth of cultural heritage has barely passed, and the historical evidence has not been properly found at the Cultural Heritage Administration, Daeje Dancheong
▶ Dancheong, a pattern drawn in the 1970s as a Silla pattern, and again according to that pattern

Silla Restoration Dancheong Pattern

Today, the old Shilla site, Gyeongju-si restored Dancheong
It is a pattern that appears in Dancheong in the Joseon Dynasty.
It's sad and regretful to pretend to be Shilla Dancheong

Goltop Noksil Imperial Jang, Hemp, and Seok Hwi Patterns
A pattern that did not exist before the late Goryeo and Joseon Dynasty
The Shilla building is restored and the Chosun Dancheong acts as the Shilla Dancheong.

▼ Bongjeonsa Temple Geuknakjeon Cheomcha Gwonsumun Dancheong
▼ (Liao Dynasty) (Completion) Habuk Raewon Gakwonsa Du Gong Painting)

▲ Goryeobongjeong Temple Geuknakjeon Patterns revealed by infrared photography
▶ Habuk Jeonghyeon Gaewonsa Historical Tower Jigung Chaehwa Song Hampyeong 4th Year, it was 1001 AD at that time

I refer to the old history to find the Silla patterns.
If you refer to Andong Bongjeongsa Song Gaewonsa Temple,
The three kingdoms of the Orient, the old patterns of Korea, you will move forward

B.C. 57 B.C. 935 AD
Founding of Goryeo in 918, the gap between the two countries is 17 years
The pattern of Geuknakjeon Hall of Bongjeongsa Temple is the closest to the Silla pattern

▼ The original published in the 2nd year of Buksongsongnyeong in 1103 of yingtsao fashih disappeared and has been republished more than 5 times since then. The pattern of Andongbongjeongsa Geuknakjeon is considered to be the same as that of Songdae Gaewonsa, so it is thought to be more than 90 to 100 years earlier than the yingtsao fashih style.

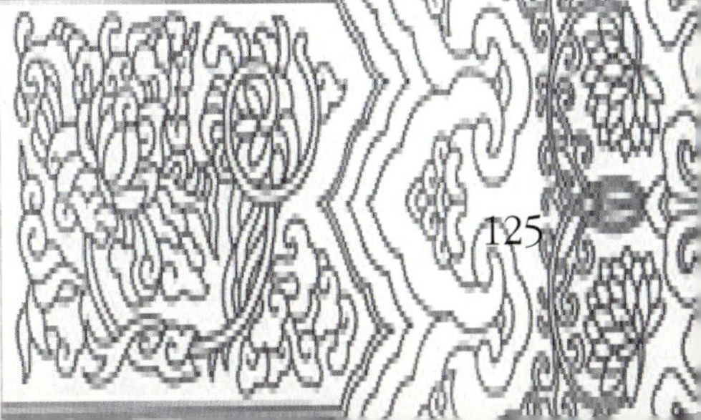

▲ Bongjeongsa Temple Geuknakjeon Cheomcha Gwonsumun Dancheong
▶ (Liao Dynasty) (Completion) Habuk Raewon Gakwonsa Du Gong Painting)

Goryeo Bongjeongsa Temple Song Gaewonsa Temple antecedes yingtsao fashih

Silla restoration building leaving the Dancheong pattern in Kwonsucho

Chosun Dynasty Dancheong Pattern pretends to be Silla Dancheong

It is like an actor wearing a suit and performing during the Shilla period

Claiming it is a costume during the Silla era.

Should have put on clothes before the suit came out...

Great actor should wear the Shilla clothes to perform

▼ Andong Bongjeongsa Temple Geuknakjeon Pattern, this is the pattern 97
▶ years before the yingtsao fashih of the Song Dynasty of China.

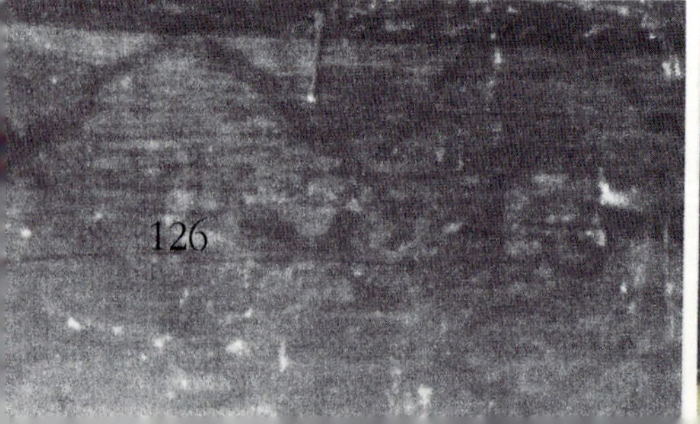

▲ Andong Bongjeongsa Temple of Heaven Cheomcha Pattern
▲ China Liao Dynasty Habuk Raewon Gakwonsa Jangyeo support

It's difficult, it's sad! I'm alone with the wrong argument.
Who would understand my deep thoughts and the things
that are wrong
If there is no Silla pattern, it is similar to the Goryeo pattern

In future generations, if anyone studies patterns
Fix it and restore Silla Restoration Building
I hope there is no dancheong Golpyangyi Nok Imperial Hwi

I will think again and argue even with poetry!

▼ The bottom of ship of the chumcha inside Geuknakjeon, which looks like it was built before 1001
▸ Existing patterns before the emergence of yingtsao fashih

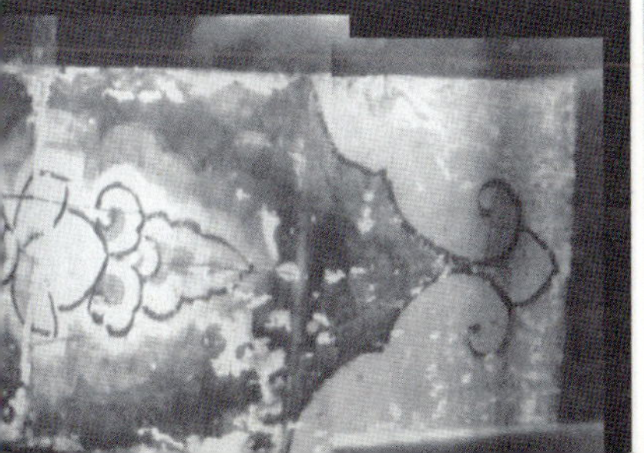

부록 Appendix

만화 Cartoon

첫 번째 만화

투자와 과욕

Investment and greed

두 번째 만화

수박 장수와 도롱태 영감

Watermelon merchant and Dorongtae old man

투자와 과욕

외국 (주)머니퓰레이터(manipulator) 방사선
투자 회사인데 100만 원투자 한 달 이자 20%까지 주니
돈 있으면 투자들 하세요.

서울시와 붙은 광명시의 어느 집 손녀인 명희가 할아버지와 아버지에게 이자를 많이 준다는 소문을 듣고 투자회사를 알려주는 이야기를 한다.

은행 이자 돈이 적으니 조금이라도 많은 이자를 준다고 하면 대부분 사람은 이자를 많이 준다는 곳으로 돈을 옮기려 할 것이다. 할아버지는 명희의 말을 듣고 아들에게 잘 알아보도록 당부하였다. 소문만 들어도 마음이 들떠 기대를 하는 모양이다.

외국계 투자회사가 광명시에 사무실을 두고 영업한다니 사람들은 은행에 모아 두었던 돈을 이자 많이 주는 투자회사로 옮기게 되었다.

인식 투자회사 인터넷 (주)머니퓰레이터(manipulator)란
방사선 회사로 되였구먼 찾으면 이자를 20% 준다고 하니
나도 돈 좀 벌자 회사 소개도 잘 되었네.

이자 20% 주는 회사가 들어왔다는 순식간에 소문이 퍼져 회사 직원들도 월급을 받으면 투자회사로 돈이 몰렸다. 어떤 이는 은행에서 돈을 빌려 투자회사로 넣고 이자 차액으로 돈 벌기를 작심한 이도 있고 자기 돈이 없으니 지인에게 빌려서 투자회사로 저축하는 이도 있었다.

이곳 회사에도 투자회사 이야기로 근무가 태만해지고 있다.

투자회사 사장 인식은 거미가 거미줄 치고 숨어서 먹이가 걸리면 잡아 먹듯 본색을 드러내지 않고 많은 돈을 끌어 모았다.

한 달 이자 20%는 날짜 하루도 틀리지 않고 또박또박 주면서 손님을 극진히 대접한다.

때가 되면 밥을 사주고 저녁이면 술 먹는 이는 술을 사주니 근처에서 사람들에게 인기가 대단하였다.

사람들은 노력은 많이 안 하고 하루아침에 큰 부자가 되기를 바란다. 그렇게 되면 얼마나 좋을까? 그러나 쉬운 게 아니고 그렇게 되는 경우가 로또복권 1등 되기와 같을 것이다. 어느 누구라도 자기 재산이 불어나는 것을 마다할 사람은 없을 것이다. 그러나 쉽게 되는 것이 아니다.

과욕은 신세를 망치는 원인이다.

광명시 하안동 시골의 논에서 모내기하면서 농부들이 대화하는 내용이다.

서울에 저기 여기 회사를 다니면서 살다가 고향 광명시로 사무실을 두고 영업하는 것을 기특하게 생각하는 노인, 순철이 할아버지 어떻게 될지…

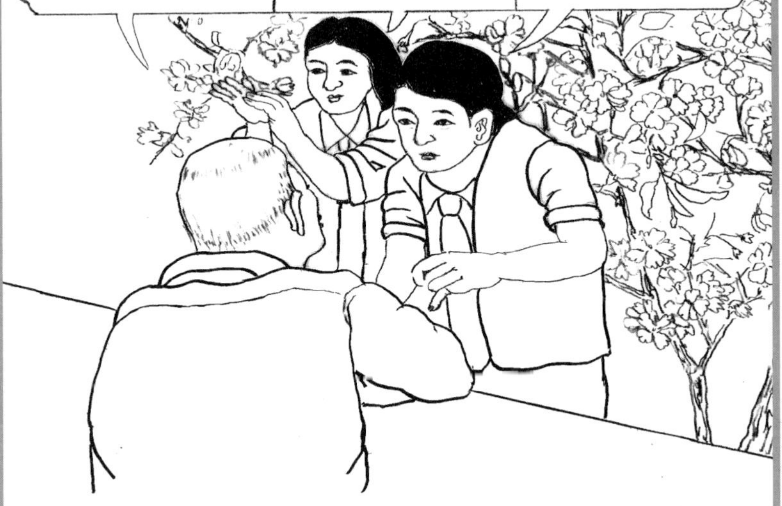

시골 농사만 짓는 농부도 이잣돈를 많이 준다고 하니 은행에 저금한 돈을 투자회사로 옮긴다.

손자 학자금 주려고 모아둔 저금을 이자 많이 주는 회사로 옮기는 것이다.

농부도 사회 초년생도 마음의 꽃이 피어 콧노래가 절로 난다.

인식은 시국이 어수선하고 마음대로 활동이 주춤한 사이 고향 마을까지 와서 사무실을 빌리고 고향 사람, 객지 사람 가리지 않고 전국을 무대로 하여 투자하라고 광고하고 다녔다.

시집갈 처녀도 예쁜 모델도 이자 많이 준다고 하니 벌떼같이 투자처로 몰린다.

썩은 음식에 파리떼 모이듯 많은 사람들은 이자 20%에 현혹되어 모이기 시작하였다.

인식은 많은 돈을 한두 달 사이 모아서 그 돈을 어떻게 처리할지 궁리를 하기 시작하였다.

남들에게 자기의 깊은 생각을 말 못하고 혼자 궁리한다.

급하다고 투자회사에 얘기하면서 노인은 돈을 독촉하는데 회사 사장은 하루 이틀 미룬다.

노인은 급해도 인식은 안 급하다

인식이 이놈 오늘도 안 나왔어. 인식아~ 인식아~
도망가다니 이놈 어디로 도망갔니.
벌써 며칠간 사무실에 안 나오니 필경 도망
간 거여. 인식이 이놈 너도 자식 키우는 놈인데
이런 나쁜 짓이 어디 있나.

수선화꽃 며칠 전만 해도 고개 들고
뻣뻣하였건만 오늘은 바라보니
시들어 고개 숙이고 너도 우리와 같구나.

친구 사이 두 처녀는 가슴이 먹먹하여 어쩔 줄 몰라 눈물로 이 날을 보낸다.

벌서 며칠 지나 소문은 꼬리를 물고 퍼진다.

서울 대전 부산 광주 춘천 여기저기 피해자는 점점 늘어난다.

드디어 터졌다. 전국에 전파를 타고 강풍으로 이 가정 저 가정 무너져 몸서리치며 통곡의 곡성이 퍼졌다.

많은 사람들이 떼부자 되리라고 믿으면서 없는 돈 있는 돈 빚까지 내어서 이자 많이 주는 회사로 몰렸다.

인식 투자회사는 몇 달이 안 되어서 수백억 원의 돈을 끌어 모으는데 성공하였다. 인식이는 광명에서 유명인이 되어서 어깨를 쭉 펴고 으스대면서 맛있는 음식을 사기로 유명하였다.

그러니 많은 사람들이 따랐다.

아이고 경찰서 까지 십리나 되니 언제까지 가나 택시 부르려니 돈이 없고…

순철이 할배 어디 가세요. 혹시 파출소 가세요. 저희랑 같이 택시 타고 가세요.

택시 택시 스톱!!

오늘도 사회에 초년생들과 늙어 정신이 흐린 노인과 부녀자들 또는 욕심이 많은 신사와 숙녀들에게 투자금 20% 준다고 감언이설로 사기를 치고 있다. 예를 들어 1천만 원 투자하면 한 달 20%는 2백만 원 2달까지는 이자를 잘 준다. 2달이면 4백만 원이다 원금에서 받은 돈으로 석 달을 주고도 남는 돈이 생긴다.

2달 주고 사기꾼들은 대부분 잠적한다. 1천만 원 투자자는 4백만 원 받았으니 본전 6백만 원이 손해이다. 허가 없는 가상화폐 역시 조심해야 한다. 전화를 걸어 사람들을 놀라게 하고 돈을 교묘히 갈취해가는 사기꾼도 많다 보이스피싱과 외출한 자녀들이 감금되었으니 경찰에 알리지 말고 돈 요구하는 경우도 사기당하기 쉽다. 은행이나 관공서라고 전화하는 경우도 사기꾼들이 많으니 조심해야 한다. 평소 상식보다 투자금액을 많이 준다고 할 때는 과욕에 현혹되지 말고 믿을만한 공인 된 곳에 저축하는 것이 좋을 것이다. 나쁜 사기꾼 과욕으로 노력 안 하고 큰돈 벌려고 하는 사람들도 뒤를 돌아보아야 될 것이다. 사기꾼의 수법은 날로 진화하여 가니 항상 조심해야 된다. 이런 만화라도 보고 경각심을 갖고 좀 더 사기꾼들에게 당하지 않기를 바라는 마음 간절하다.

Investmentand Greed

This is a foreign manipulator radiation investment company. If you invest 1 million won, you will receive up to 20% in interest per month, so invest if you have money.

Myung-hee, a granddaughter of a house in Gwangmyeong, which is adjacent to Seoul, tells the story of an investment company to her grandfather and father after hearing rumors that they will pay a lot of interest. Since the bank interest is low, if someone gives more interest, most people will try to move the money to a place that pays more interest. Her grandfather listened to her words and asked his son to find out more. Hearing the rumors, it seems that people are excited and looking forward to it.

When a foreign investment company operates with an office in Gwangmyeong, people move the money they have saved in the bank to an investment company that pays a lot of interest.

Rumors spread quickly that the company that provides an interest of 20% entered the city, and when the employees of the company received their salaries, money went to the investment company. Some borrowed money from a bank and put it into an investment company, deciding to earn money with the difference in interest, while others borrowed money from acquaintances and invested it in an investment company because they did not have their own money.

Even at this company, people started to work sluggish since they talked about the investment company during work. Insik, the investment company's president, collected a lot of money without revealing his true nature, just as a spider would hide in a spider's web and catch prey when caught. The monthly interest rate of 20% was paid on an accurate date, and he treated guests with the utmost respect. When the time was right, he bought them a meal, and in the evening, he bought drinks for the people who drink, so he was very popular with people nearby.

People want to become very rich overnight without much effort. How fascinating would it be? However, it is not easy, and it will be the same as winning first place in the lottery. Everyone would love to increase their wealth. However, it won't be easy. Excessive greed is a cause of ruin. It is the story of farmers talking while planting rice in a paddy field in Haan-dong, Gwangmyeong-si. What will happen to Soon-cheol's grandfather, an old man who thinks of Insik is praiseworthy since he worked in Seoul and came to his hometown, Gwangmyeong and started a sales business by setting up an office.

Even a farmer who only farms in the countryside transfers the money he has saved in the bank to an investment company because the investment company pays more interest. This is the savings for his grandson's college fund and he transfers the money to the investment company because it gives more interest. Farmers and rookies alike, the flowers of their hearts bloom, and they hum naturally.

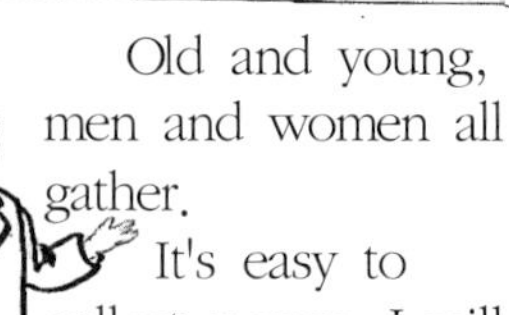

How much did you invest? what about you? what about you?

In the midst of a chaotic situation and difficult times to do activities outside, Insik went all the way to his hometown, rented an office, and advertised to invest across the country, regardless of people from his hometown or from other regions.

The girls who are getting married and the pretty models also flocked to investment places like a swarm of bees because the investment company would pay more interest. As flies gather on rotten food, many people are deceived by the interest of 20% and began to gather.

Insik saved a lot of money in a month or two and started thinking about how to deal with it. He cannot tell other people his deep thoughts and thinks on his own.

Talking to the investment company that it is urgent, the old man urges money. The company president put it off a day or two. The elderly is in a hurry, but Insik is not.

Insik, this bastard did not come today too. Insik~ Insik~. Where did you run away to. Since he has not come to the office for a few days, I'm sure he ran away. Insik, you also has a child. How can you do this kind of thing.

Daffodil flowers had their heads up high, even a few days ago
However, today when we see them
They withered and had their heads down, just like us.

The two girlfriends are heartbroken and spend this day in tears, not knowing what to do

A few days later, the rumors spread. The number of victims is increasing all over Seoul, Daejeon, Busan, Gwangju, and Chuncheon. It finally exploded, and a strong wind blew across the country, the families had fallen apart and the wailing cry spread.

Many people believed that they would become rich, so they invested all the money they had and even borrowed money to invest in a company that would give lots of interest. Insik's investment firm succeeded in raising tens of billions of won in less than a few months. Insik became famous in Gwangmyeong and was famous for buying delicious food while broadening his shoulders and bragging. Therefore, many people followed him.

The police station is too far and I don't have money to call a cab.	Soon-cheol's grandfather, where are you going? Are you going to the police station? Come with us, let's take a cab	Taxi Taxi Stop!!

Even today, the swindler is lying to the rookies, old men who are too old to think clearly, women, and greedy gentlemen and ladies saying that they can get 20% of interest for the money they invest. For instance, if you invest 10 million won, 20% interest per month is 2 million won. For two months, it's 4 million won. By receiving the principal, the swindler has money to pay for three months of interest and more.

Swindlers usually disappear after paying 2 months. Investors who invested 10 million won receives 4 million won, so they lose 6 million won. People should also beware of cryptocurrency without a permit. There are many swindlers who call people, surprise them, and extort money skillfully. It is easy to be fooled by voicephising and calls saying that your children are kidnapped so you should send them money without letting the police know. There are even swindlers who call as if they were a bank or a public organiziation, so you should be careful. If anyone says they would give you more money than you invest, you should not be tempted by greed and should save money where you can trust and where it is publicly certified. People who try to make lots of money with the greed of bad swindlers should look back on themselves. The tricks of swindlers are evolving day by day, so you should always be careful. I wish you would be more aware of these swindlers after seeing cartoons like this.

수박 장수와 도롱태 영감

조선 말기 당파 싸움이 심하여 나라가 어지럽고 고관대작들은 자기 입 속을 채우는데 혈안이 되었다. 돈 많은 부자들은 돈으로 벼슬을 사고 가난한 사람은 점점 살기가 힘든 조선의 후기 조선국의 현실이었다.

어려워 초근목피로 살아가던 시절에도 관료와 부자는 가난한 사람의 사정을 살피지 않고 더 많은 재산을 모으기 바빴다.

죽으면 단돈 한 푼도 가져가지 못하는데 바다는 막아도 사람들의 욕심은 못 막는다. 말같이 부자인 도롱태 영감의 욕심은 한이 없다.

참다 못한 백성들은 동학농민운동을 일으켰다.

조선 고종(1894) 때, 전봉준(全琫準)이 들고 일어난 동학당의 교도와 순진한 농민이 힘을 합하여 탐관오리의 숙청, 외국 세력의 정치 가입 반대 등을 목적으로 일으킨 운동이다.

동학운동이 거칠게 저항하는 계기가 되어 청일 전쟁의 도화선이 되었다, 이런 운동은 후에 항일 투쟁과 3·1운동으로 계승 승화되었다. 이런 어려운 시기에 양반들은 가난한 백성의 고혈을 빼앗아 가는 도독놈 심뽀를 가진 이가 많았다.

가난한 백성은 수박이라도 팔아 입에 풀칠이라도 하려고 하는데 도롱태 영감은 참하다는 부인에게 다가가 접근하면서 수박 값을 깎자고 하니 어디를 깎을지 화가 났다.

화가 난 수박 장수는 돈 내지 말고 그냥 먹으라고 선비에게 쏘아붙였다.

도롱태 영감은 없는 사람 간도 빼어갈 영감이야.

이런 얘기가 고을에 퍼져서 아는 이는 점점 많았다.

이런 영감들과 양반이라고 사람과 사람 사이 인격을 무시하니 나라는 점점 쇠퇴해가니 외세가 호시탐탐 노리고 있었다.

Watermelon merchant and Dorongtae old man

At the end of the Joseon Dynasty, the party strife was intense and the country was in a mess, and the high-ranking officials were frantic about filling their own benefits. It was the reality of the Joseon Dynasty in the late Joseon Dynasty, where the rich bought a government post with money and the poor were struggling more and more to live.

Even in the days when they were living in hardship, the rich and bureaucrats were busy accumulating more wealth without looking after the poor. There is no limit to the greed of the rich old man, Dorongtae old man, as it is said that when we die, we cannot take even a single penny, but even if we block the sea, we cannot stop the greed of people.

Unbearable people started the Donghak Peasant Movement. During the reign of King Gojong (1894) of the Joseon dynasty, a movement led by Jeon Bong-jun joined forces with Donghakdang cultists and naive peasants to purge corrupt officials and oppose foreign powers' entry into politics.

The Donghak Movement became an opportunity to violently resist, and it became the fuse of the Sino-Japanese War. These movements later succeeded and sublimated into the anti-Japanese struggle and the March 1st Movement. In these difficult times, the aristocrats often had a sense of extorting that drained the blood of poor people.

The poor people had to sell watermelon to put food in their mouths, but Dorongtae old man approached the lady saying she was pretty and tried to cut the price of watermelon. When the lady asked where she should cut it, the old man got angry.

The angry watermelon merchant yelled at the aristocrat, saying not to cut the price but to just take it for free. Dorongtae old man can take the liver of the poor if he wants to. As this story spread throughout the town, more and more people knew it. As the country gradually declined because these old men and aristocrats looked down on other people, foreign powers were aiming to take over the country.

〈작품해설〉

단청의 최고 권위자, 시도 단청다워

김 순 진(문학평론가 · 고려대 평생교육원 교수)

나는 시를 가르치는 선생이자, 등단시키는 잡지사 발행인, 그리고 출판사를 운영하는 사람으로 지금까지 수백 권의 시집을 출판해왔다. 그런데 지금까지 이런 분은 만나보지 못했다. 김한옥 시인은 이름이 한옥이라 그런지 한옥의 단청 전문가이다. 김한옥 시인께서 시집을 출판하러 오셨을 때 나는 그분이 우리나라에 그렇게 중요한 일을 하신 분인 줄 몰랐다.

김한옥 시인은 『단청도감』 이란 책을 발간하신 분이었다. 『단청도감』 이란 우리나라에 존재하는 궁궐을 비롯한 사당, 향교, 비각, 전통가옥 등 우리나라의 모든 건물을 답사하여 단청을 조사하고 그 문양을 기록한 책인데, 그의 업적은 한류의 근본을 세우는 일로 평가받아 마땅하다. 단청의 역사를 비롯하여, 단청의 색과 종류, 단청의 공사기법, 단청의 문양, 그리고 단청의 용어에 이르기까지 단청에 관련된 모든 자료를 정리하신 분이시다.

게다가 김한옥 시인은 『고건축과 여담』 이란 책도 출간하셨는데, 이 책에는 '경주지방의 신라복원건축단청', '아교단청 건계정', '단청문양과 안료설명', '단청분야의 용어' 등 단청에 관한 이야기들로 채워져 있다.

그리고 그는 『한중 고대건축불화』 라는 책도 출간하셨는데 이 책에는 단청을 비롯하여 불화, 탱화, 보살, 그리고 여러 나라의 종교화에 이르기까지 정말 그 누구도 하지 못할 분야를 택하여 일가를 이루신 분이다.

특히 그가 처음 우리 문학공원 사무실에 오실 때 가져오신 『다국 연표』 는 기원전부터 현대에 이르기까지 사람과 사건을 동서양과 우리나라를 비교하며 인물사진과 지도, 유물 등을 함께 싣고 있어 역사를 공부하는 사람에게 꼭 필요한 책이다. 나는 이 책 『다국 연표』 를 받고 너무나 기뻤다. 그리고 어떻게 이렇게 다양한 자료를 조사해서 책으로 엮을 수 있었을까 실로 감탄스럽고, 책을 만들려고 사들인 책과 시간에 대하여 박수를 보낼 수밖에 없었다.

김한옥 시인은 이렇듯 전통과 현대를 잇는 가교역할을 해오신 분으로 널리 알려져 있는데, 특히 김한옥 시인의 단청에 대한 사랑은 시집에서도 계속되어 이 시집은 크게 세 분야로 나뉜다. 하나는 자연시에 사진을 접목한 자연영상시집, 두 번째는 단청 사진에 시조를 접목한 전통단청시조집, 그리고 세 번째는 '투자와 과욕', '수박 장수와 도롱태 영감'이라는 부록의 만화책이 그것이다. 말하자면 독자는 한 권의 책값으로 세 권을 읽을 수 있는 일석삼조(一石三鳥)의 기회가 되는 셈이다. 그러면 여기서 그의 시 몇 수를 읽으면서 그의 문학세계를 여행해보자.

산골길 잡초로 태어나서
무심코 짓밟혀도
이 몸은 항의하지 못하고
살아가는 잡초 신세

그래도 죽지 않고
살다 보니 꽃피고
열매 달려
생명을 이어간다

— 「잡초」 전문

김한옥 시인은 이 시집의 제목을 『잡초』로 정하셨다. 왜 그렇게 정하셨을까? 나는 처음 시집의 원고를 받아들고 바로 알아차렸다. 잡초는 원래 나쁜 존재로 일컬어진 별명이다. 곡식에 반하여 쓸모없는 풀로 여기는 말인데, 시에서는 여러 가지 의미를 지닌다. 쓸모없는 존재지만 시련을 견뎌내고 꿋꿋

이 살아가는 존재를 의미한다. 잡초는 차별에 대한 시선을 극복하고 마침내 소기의 목적을 달성하는 존재를 의미한다. 잡초는 한군데 뿌리내리지 않고 바람이 부는 대로 그 씨앗을 흩날려 척박한 곳에 뿌리를 내리고 살아간다. 이를테면 방랑자적 삶을 통해 세상 어디에 내놓아도 뿌리를 내린다는 노마드 정신이 함유되어 있다. 아마도 김한옥 시인은 그렇게 살아오셨을 것 같다. 평생 건축일을 하고 단청을 해오자면 한 군데에서 잠을 청할 수는 없었을 것이다. 그러니 그가 이 시집의 제목을 '단청'이라 하지 않고 '잡초'라 하는 것은 건물에는 단청이 필요하지만, 마음에는 잡초 같이 살아남는 노마드적 사고가 필요해서일 것이다.

너는 언제 보아도 진실하다
내가 변하는 모습을 정확하게 알려주니까

세상 물정에 때 묻지 않고 거짓 없는
진실만 보여 주는 나의 유일한 벗 중
하나이니까

내가 아무리 변하여도 너는 나를
버리지 않고 바라보니까
겉만 보이지 말고 마음도 보여주면 좋겠네

– 「거울」 전문

거울은 본보기로 여기는 삶의 도구이다. 인간은 오랜 역사를 거치며 생활에 필요한 여러 가지 도구를 발명해왔는데, 그중에 꼭 필요한 것이 거울일 것이다. 거울을 통해 화장을 하고 넥타이를 매며, 머리를 만지고, 옷매무새를 어루만진다. 옛날 사람들은 거울이 없어 물에 얼굴을 비쳐 보았다고 한다. 그러다가 구리를 말갛게 닦아 '동경'이란 거울을 만들어 사용했는데 구리라는 소재가 녹이 잘 나고, 하루 이틀만 닦지 않으면 금방 뿌옇게 돼서 거울을 보려면 아무래도 불편했을 것 같다. 그러다가 유리 뒷면에 수은을 넣고 염료로 바른 유리거울이 나왔다. 실로 혁명적이라 할 수 있다. 이젠 거울이 없으면 살 수 없을 것 같다. 특히 운전할 때 백미러, 룸미러가 없다면 달려오는 뒤차를 볼 수 없어서 다른 생명을 위험하게 하거나, 운전자인 자신의 생명도 위태로울 것 같다. 그런데 거울이란 단순히 몸을 비춰보는 용도로만 쓰이지는 않는다. 거울이 우리에게 필요한 건 그대로 비춰주는 현명함 때문이 아니다. 거울은 본 대로 말하는 아이지만, 이유를 묻지 않는 발전 없는 아이와 같다. 거울은 불온을 덮어주지 못하는 경찰이지만, 불온의 현장을 덮치지 못하는 무능한 경찰과 같다. 거울은 남을 비춰주면서도 최고의 선(善)인 햇빛을 수용치 못하고 반사한다. 게다가 아름다움을 방치하여 늙음을 용인하고 결국 사라지라 명하는 자신의 어리석음을 알지 못하는 사람이다. 그러나 거울은 끊임없는 절제로 평면을 유지하며 뒷면의 구구절절함을 포용하기도 하는 사람이다. 우리는 거울 앞에 서려면 '잘 났고 못 났고'를 보기 위함이 아니라, 먼저 오만한지 불손한지를 이리저리 비추어 자신의 어리석음을 보아야 한다.

도전을 막지 말라 창의력 무너진다
인간의 끝없는 상상력 실행해서
문명을 창조해내는 조력자 되고 싶다

타고난 재능들이 각자가 다르지만
하고픈 생각들을 실천하다 보면
영장의 소질과 능력 한 발짝 앞서가리

실패를 하였다고 좌절하지 않으면
경험이 학습되어 그 일에 달인 되리
인류의 필요한 물품 만들면 선구자

– 「도전정신」 전문

김한옥 시인의 연세는 많지만, 그 속은 아직도 젊은 사람이다. 나는 흔히 젊은 사람과 늙은 사람의 차이를 회상과 상상으로 나눈다. 내가 왕년에 무엇을 했는데 하며 왕년 이야기를 자주 하면 늙은 사람이고, 무엇을 하고 싶어 자꾸만 도전하면 젊은 사람이다. 내 생각에는 이 세상 사람은 모두 젊은 사람이고,

죽으면 충분히 늙은 사람 대접을 받을 수 있다. 그러니 자손들이나 후배들에게 이렇게 해라, 저렇게 해라. 자기의 경험을 강요하지 말고 그럴 시간이 있으면, "무얼 만들까? 어디를 가볼까?" 같은 생각을 해야 한다. 그런데 나이 든 사람은 회상이 많고 도무지 새로운 생각이나 도전하려 하지 않고, 현실에 안주하려 든다. 물론 "너도 내 나이 돼 봐라."라고 하시겠지만, 그것은 나이 때문만은 아닌 듯하다. 평소에 도전하기를 싫어하는 습관이 몸에 배었기 때문이다. 그래서 새로운 장소에 가면 자꾸만 집에 가고 싶고, 새로운 물건은 왠지 낯설어 내 것이 아닌 것 같다. 그런데 젊은이들은 새로운 장소에 가고 싶어 안달이고, 새 물건을 최고로 친다. 그것은 호기심이란 도전정신이 도사리고 있어서인데, 김한옥 시인은 지금도 호기심이 많으신 것 같다. 무일 해보고 싶어 안달이다. 처음 보는 물건이면서 속이 어떻게 생겼는지 라디오도 뜯어보고 시계도 뜯어보던 사람은 모두 기술자가 되어 제밥을 먹고 살았고, 고장이 났다고 전파사로 시곗방으로 들고 간 사람은 제 돈을 주고 살았다. '도전정신'이라는 말은 무모하다는 말이 아니다. 처음에 라이트형제가 하늘을 난다고 하니 모두들 무모하다고 말했지만 지금은 비행기 없이는 살 수가 없다. 그것처럼 김한옥 시인도 단청이 어떻게 생겼는가 이리저리 살펴보고 실측하고 그려보고 칠해보는 도전정신으로 오늘날 우리 민족이 가진 건축물 최고의 아름다움인 「단청도감」을 완성해내신 것이 아닌가?

한평생 기다려도 거리가 너무 멀어
다가가지 못하는데 어쩌다 너를 만나
이루지 못하는 먼 곳 바라만 보고 살랴

해뜨기 기다리는 내 이름은 해바라기
오늘도 기다린다, 따사한 해뜨기를
오로지 너만을 보며 살련다, 내 일생을

기뻐도 너를 보고 미워도 너만 본다
구름 껴 보지 못해 비가 와 볼 수 없어
오늘도 햇볕 보기를 기다리는 해바라기

–「해바라기」 전문

해바라기는 많은 사람들이 해바라기를 보고 해만 바라볼 거이라 생각하지만, 실은 그것은 착오다. 해바라기는 해바라기가 아니라 실은 해등지기다. 해를 등지고 서 있기 때문이다. 해바라기는 해가 동쪽에서 떠오르면 서쪽을 향해 얼굴을 돌리고, 해가 남쪽에 있으면 해바라기는 북쪽을 향해 얼굴을 돌리고 있다. 어릴 적 남향집에 살았는데 마당가에는 해바라기가 있었다. 그런데 그 해바라기는 내가 볼 때마다 늘 얼굴을 북쪽을 돌려 우리 집만 바라보고 있었다. 나는 어릴 적 토끼를 자주

길렀는데 토끼가 해바라기 잎사귀를 좋아해서 큰 플라타너스 잎만한 해바라기 잎사귀를 토끼에게 따다 주던 생각이 난다. 그때 나는 깨달았다. "해바라기가 꼭 해바라기를 바라보는 것이 아니구나. 해 뜬 하늘에 있으면 모두 해바라기구나."라고 생각했다. 해를 닮은 동그란 얼굴을 가진 것은 모두 해바라기라 생각했다. 그래서 그때 나는 모든 풀, 모든 동물, 모든 사람을 해바라기라 생각하기도 했다. 해는 정말 많은 일을 한다. 세상 만물들이 우러르는 해는 그냥 마구 타지만은 않는다. 해는 연기 없이 타는 것이 아니다. 낮 동안 그을린 하늘은 까만 밤이 된다. 해는 소리 없이 타는 것이 아니다. 마른 하늘에 천둥이 치기도 한다. 해는 눈물 없이 타는 것이 아니다. 깊은 슬픔에 잠겼다가 마침내 소나기를 뿌리기도 한다. 해는 날마다 신나게 타는 것이 아니다. 시큰둥 타다가 겨울이 되기도 한다. 해는 스스로 타는 것이 아니다. 사람들의 기를 뽑아 때기에 사람들은 늙어가는 것이다. 해는 막무가내 타는 것이 아니다. 조심조심 불 피워 새싹을 틔우기도 하는 것이다. 시조 한 수를 더 읽어보자

사라진 왕의 정치 무너진 왕조 권력
경성의 옛 궁전은 탈색된 단청만이
그 옛날 울긋불긋 꽃 대궐 황혼이 깃드네

단청이 화려하던 옛날 궁 쓰라린 역사
단청은 화려하게 다시 해 빛나건만
희망이 무너진 옛 궁전 경적만 고요해

나라를 호령하던 흥선 대원군 어디 갔나
경복궁아 너는 민비시해사건 보았느냐
민족이 울부짖었던 을미사변 일제의 잔혹사

— 「단청은 다시 하건만」

한옥의 단청은 사람으로 말하자면 얼굴이다. 대륙에 따라 사람의 색이 다르고 집의 구조가 다르고 형태가 다르다. 중세 서양의 건축양식이 고딕양식이라면 동양의 건축양식은 기와집에 단청을 한 모양이었다. 옛날에는 공공 건물에만 단청을 하였던 것으로 사료된다. 우리나라 백성이 백의민족이라 불렸듯이 서민들의 건축물도 외벽과 천정에는 석회분을 바르고 나무는 껍질이 까진 채 그대로 드러나 있었다. 다만 궁궐이라든지, 사당이나, 절, 비각, 향교 등 여러 사람들이 드나들고 보는 건축물은 달랐다. 단청은 형형색색으로 문양과 색깔을 칠하는 방식이 달랐다. 그것은 지방에 따라 또 달라지고, 벼슬의 직급에 따라 또 달라졌던 것 같다. 최근에 나는 안동으로 여행 중에 봉정사에 들렀다. 봉정사의 극락전은 단청이 다 벗겨진 채 그냥 방치되고 있는 듯 보였다. 그런데 우리를 안내하는 안동 시관광협의회 권혁대 회장은 “저기 저 단청 보이시죠, 색이 다 바랬는데 왜 단청을 다시 안 하는지 아시는 분?”이라고 물으며 우리의 궁금증을 유발한 후 이 건물은 “통일신라시대 이후 고려까지 이어진 고식으로 지어진 건물이라면서 1972년에 해체 수리할 때 발견된 1625년(인조 3년)의 상량문(上樑文)에는 1363년(공민왕 12년)에 건물의 지붕을 중수한 사실이 기록되어 있어서, 적어도 고려 중기인 12~13세기에 세워진 우리나라에서 가장 오래된 목조건물임이 밝혀지게 되었다.”고 하면서 단청을 새로 하면 그때의 건축방식을 볼 수 없어 연구에 도움이 되지 않는다는 설명이었다. 이런 단청을 김한옥 선생의 『단청도감』에서 볼 수 있음이 감개무량하다. 그리고 김한옥 선생이 화원이 되어 전국의 사찰과 사당에 단청을 그리신 것은 우리나라로 볼 때도 너무나 자랑스럽고 감사한 일이다.

이 시집은 현대시와 시조가 어우러진 시집이다. 앞서 해설한 시 「도전정신」과 「해바라기」, 「단청은 다시 하건만」는 정형시 형식으로 쓰여진 시조다. 나는 대학강단에서 시창작을 강의하면서 자주 시조를 가르친다. 우리나라 시인들이 그래도 시조집 한 권쯤은 내야 한다는 게 내 생각이다. 외국에서 들어온 자유시에만 매달릴 것이 아니라, 우리나라 전통 율격의 3,4조를 통한 시조를 쓰는 묘미도 느껴보아야 한다는 것이 내 생각이기 때문이다. 세종대왕께서 한글을 창제하시기 이전에는 우리 문학이 모두 한자로만 표기되어 있었다. 그러다가 18세기 영·정조 이후 한글이 활발하게 보급되면서 딱지본이니 방각본이니 해서, 『조웅전, 『옥루몽』, 『옥단춘전』, 『홍루몽』, 『심청전』, 『공쥐팥쥐전』 등의 내간체 소설이 부녀자들 사이에서 엄청나게 읽히기 시작했고, 이를 연구를 필두로 해서 양주동 박사가 우리나라의 문학 장르를 신라 향가니 고려 가요니, 조선 가사문학이니 하고 정리하기에 이르렀는데, 4구체의 한자문학을 발견하게 되었고, 이를 해석해 (3,4,3,4), (3,4,3,4), (3,5,4,3)의 운율을 정하고 이들 4구체 문학을 번역해 시조로 명명하였다. 그리하여 현대 문단에서는 현대시와 시조, 소설과 수필, 평론, 아동문학, 희곡과 같은 7개 장르를 인정하고 있는 바, 시조의 인구가 줄어드는 것이 큰 걱정이다.

앞서 말한 바와 같이 문인이라면 시조집 한두 권 내는 것은 고풍스런 가구 한둘 들여놓고 사는 일이나 한옥에 단청을 하는 일처럼 멋스러운 일이리라. 김한옥 선생이 해오신 단청 작업에 존경심이 절로 나며, 전통율격의 시조를 써오심에 박수를 치며, 시집 제목을 『잡초』로 삼아 깨달음을 주신 데 대하여 감사드린다.

단운 김한옥 연보

1959년 혜각 스님을 만나 서울 성북구 팔정사에서 단청 시작
1972년 문화재관리국 단청기능자 시험 합격
1974년 문화재관리국 단청기술자 시험 합격
1974년 조계사 대웅전 단청 직접시공
1991년 문경 봉암사 대웅전 및 선방 신축건물 전부 직접시공
2005년 한국단청협회 회장 선거 당선
2005년 문화재전문위원 선임
2005년 조계사 대웅전 2차단청 직접시공
2007년 단청 실무자로 직접 『단청도감』 저술
2008년 북경 유네스코 대회 東亞地區木結構 彩畫保護國梯隊對會 참가 (한국의 단청 기법과 문양)에 대하여 강연
2008년 중요무형문화재 단청장 선출심의위원
2009년 수원 봉녕사 대웅전 및 전체 건물 단청
2011년 문화재청 설계심사위원

2013년 『한중 고대건과축불화』 저술 발행

2014년 강원 월정사 개산조각 고승 영정 및 선덕왕 초상화 제작

2016년 문화재청 문화재위원

2018년 북경 유네스코 대회(東亞地區木結構彩畫保護國梯隊對會) 참가
「한국의 단청 접착제」에 대한 강연

2019년 『고건축과 여담』 저서 발행

2021년 『다국연표』 우리나라 왕들 초상화 초본 발행

2021년 김한옥 제1시집 『김한옥 시집』(양장본)발행

2022년 김한옥 제2시집 『잡초』(양장본) 발행

1959 Meet Hyegak and start Dancheong at Paljeongsa Temple in Seongbuk-gu, Seoul
1972 Cultural Heritage Administration Bureau Dancheong Technician Examination Passed
1974 Passed the Cultural Heritage Administration Dancheong Technician Examination
1974 Direct construction of Dancheong in Jogyesa Temple Daeungjeon
1991 Direct construction of Mungyeong Bongamsa Temple Daeungjeon and Seonbang new buildings
2005 Appointed as Korea Dancheong Association President
2005 Appointment as cultural heritage expert committee member
2005 Direct construction of Jogyesa Daeungjeon 2nd dancheong
2007 Directly writing {Dancheong Encyclopedia} as a Dancheong practitioner
2008 Participated in the Beijing UNESCO Convention Lecture on (Korean Dancheong Techniques and Patterns)

2008 Member of the deliberation for the selection of the head of important intangible cultural heritage
2009 Suwon Bonnyeongsa Temple Daeungjeon and whole building Dancheong
2011 Design reviewer, Cultural Heritage Administration
2013 (Korea-China Ancient Architecture and Celebrations Buddhist Paintings) Published
2014 Gangwon Woljeongsa Temple Gaesan Sculpture Goseungyeongjeong and King Seondeok Portrait Production
2016 Cultural Heritage Committee, Cultural Heritage Administration
2018 Participated in the Beijing UNESCO Convention Lecture on (Korean dancheong adhesive)
2019 Published a book on {ancient architecture and digression}
2021 {Multinational Chronology} Published a copy of the portraits of Korean kings
2021 Published the 1st book of poetry by Hanok Kim
2022 Published the 2nd book of poetry by Hanok Kim

번역 : 조아라

- 현) 화랑번역 대표 번역사
- 국가 기관 및 국내 대기업 등과 협업 중
- UN 감사보고서, 외교부 안건, CJ 제작 스트릿 푸드 파이터 등 번역

Translator : AHRA CHO

- Current : Representative Translator of Hwarang Translation Co., Ltd.
- Working with national organizations, major companies in Korea, and etc.
- Translated UN audit report, Agenda related to the Ministry of Foreign Affairs, Street Food Fighter Video by CJ, etc.